Dos caras

Dos caras

TONATIUH FLORES

Número de Control de la Biblioteca del
Congreso de EE. UU.:   2012914400
ISBN: Tapa Dura   978-1-4633-3689-9
                 Tapa Blanda   978-1-4633-3691-2
                 Libro Electrónico   978-1-4633-3690-5

**Para pedidos de copias adicionales de este libro,
por favor contacte con:**
Palibrio
1663 Liberty Drive
Suite 200
Bloomington, IN 47403
Llamadas desde los EE.UU. 877.407.5847
Llamadas internacionales +1.812.671.9757
Fax: +1.812.355.1576
ventas@palibrio.com
421009

Índice

Dedicado a todo aquel que crea que podemos hacer un cambio y que quiera compartir con nosotros la aprobación de una reforma migratoria dedicado a aquel que quiera tener un mejor estilo de vida, con salarios justos, y dedicado aquel que se tome el tiempo de leerlo.

Dedicado especialmente al movimiento mexicano yo soy 132 y al movimiento The Dreamers en USA. que nos hace ver que hay esperanza para el mundo donde vivimos por que son los jóvenes los que van a ser nuestros futuros funcionarios y los que lleven en sus manos las riendas de nuestro mundo en un futuro tan pronto como el día de mañana que ya esta aquí.

Presidente de los Estados Unidos de Norte América

Le pedimos con todo el respeto que esta situación se merece, somos gente trabajadora de los campos de su país tocamos las verduras que usted se lleva a la boca, tocamos las manzanas que a usted tanto le gustan, e inclusive levantamos las frambuesas que a usted no le gustan, levantamos las cosechas de lechuga con la que usted se prepara una rica ensalada que se alberga en su estomago y le da la fuerza para trabajar en su día, somos la gente que trabaja en restaurantes donde usted a asistido muchísimas veces. Nuestras manos son las que cosen la ropa que usted lleva puesta sobre su integridad. Cada puntada que su ropa lleva ha pasado por las manos de una persona que no es ni mas ni menos que usted, si no que vive en diferentes circunstancias y necesita ser tratada con dignidad, cada puntada que su ropa lleva es del esfuerzo de un trabajador de la industria maquiladora, y que esto ayuda para que esta persona lleve un plato de comida a su meza. Por favor comparta con nosotros tan bien la tranquilidad de poder salir a la calle y poder comprar un carro y poder manejarlo sin ninguna preocupación, bueno en su caso ya no es un carro si no un helicóptero o un avión. Esta bien ni para usted ni para mi, compartamos la serenidad de poder usar un medio de trasporte y poder salir a trabajar sin ninguna preocupación, pedimos licencias para manejar para poder retener nuestros carros cuando cometamos una infracción.

Estamos en este país no pedimos nada malo solo pedimos una reforma migratoria, pedimos que nos dejen entrar en la jugada, y no tener que levantarnos en la mañana con la primera plegaria agridulce del día.

Dios mío Dios mío
Por este día líbrame de un policía.

Tonatiuh Flores

No somos ni mas ni menos que usted, simplemente somos personas que vivimos en diferentes circunstancias y necesitamos ser tratados con dignidad

Agradecimiento

Cuando comen a formular los temas de lo que quería que se tratara el libro hice una pequeña encuesta a la gente que estaba alrededor mío empecé a hacerle preguntas y a pedirles su opinión de los temas que quería tratar y obtuve muchas respuestas interesantísimas, pero lo interesante de esto es que el primer comentario que recibí fue de un amigo que nada mas al decirla que estaba escribiendo un libro sin preguntarle su opinión me comento. Tu no estas preparado para escribir un libro, deberías esperarte y prepararte por que un libro no es cualquier cosa, no te va a Salir bien, me dijo, en mi opinión debes de esperar. Y recuerdo que yo le comente, esperar, esperar a que a que me haga mas viejo, no, no puedo esperar y le comente cual era el contenido del libro, le dije este libro se necesita ahora en este tiempo y no voy a abandonar mi idea por nada. Y al ver que el seguía con su negativa decidí no volverla a comentarle nada.

Hay algo que quiero comentarles. No dejes que nadie influya negativamente en tus ideas ni en tus proyectos, y aléjate de la gente negativa y perezosa que eso también es un vicio, cuando me topo con gente así me acuerdo de una mujer que conocí y me dio un buen consejo, su nombre Rosario Romero, esta mujer interesante y trabajadora murió de cáncer, que Dios la tenga en un muy buen lugar, es una persona ala cual yo admire cuando ella vivía. La tía Rosario le decía.

Tonatiuh te voy a dar un mal o buen consejo tú decides:

Júntate con gente de la que puedas aprender, no te juntes con gente que esta sumergida en los vicioso o con gente perezosa, por que si te juntas con gente viciosa o perezosa tarde o temprano tu puedes también caer ahí si darte cuenta, en cambio si te juntas con gente positiva emprendedora con ganas de trabajar y que tenga metas y proyectos, tu puedes aprender de cómo ser un triunfador, y después servir de ejemplo para tus amigos y la gente que te rodea, este es un secretito que a mí me a ayudado muchísimo.

Rosario Romero

Aprende a detectar a la gente negativa, este amigo del que les platique nunca tiene ganas de nada siempre esta cansado y no quiere ir a trabajar, critica a todo mundo, cuando salíamos a comer a un restaurante se peleaba con los meseros y casi nunca tiene una buena actitud, debemos de tener una buena relación con la gente que tenemos a nuestro alrededor, eso es lo que hace la comunidad pero lo primordial es que te lleves bien con tu familia por que son tu sangre y eso no lo vas a poder cambiar nunca.

Ahora vamos a hablar de otro tipo de gente, de diez gentes que les comente de mi libro ocho me dijeron que era muy buena idea y me exhortaron para que siguiera con mi proyecto, gente como la tía Rosario positiva, emprendedora y luchadora con una muy buena experiencia de vida, entre todas estas gentes tuve comentarios de elogio que estos comentarios me ayudaron a seleccionar algunos puntos que yo quería tratar en el libro, me recuerdo que platique con una persona que no conocía y su comentario me gusto mucho.

Después estando a solas analizando sus comentarios, me dije, esta tiene que ser una de las partes importantes de mi libro. Me recuerdo que platique con el en un autobús como por casi una hora

El me vio escribiendo y me pregunto que escribía, el era un viejito filipino como de unos setenta años, yo le comente que estaba escribiendo un libro de la política en México y problemas sociales en los Estados Unidos de Norte América, como inmigración, y recuerdo que me dijo, ¿Y para que lo escribes? Porque quiero que allá un cambio en mi país y también quiero que se legalice a la gente de Estados Unidos, por medio de una reforma migratoria, eso suena interesante me comento. Pero en la política existe mucha corrupción en casi todo el mundo los políticos lo único que quieren es salir con mas dinero cuando termine su periodo y no les importa mucho el pueblo, y yo le conteste si eso ya lo hemos visto, por eso nuestros países no progresan, por eso tenemos que cambiar todo esto le comente, y en eso se me ocurre preguntarle.

¿Si usted escribiera de que le gustaría escribir? Y el me contesto con algo que me dejo pensando mucho.

Yo escribiría de lo feliz que es la vida, de lo feliz que se puede vivir. Entonces yo pensé, este va ha ser el capitulo con el que concluya mi libro, la felicidad de vivir la felicidad que nos merecemos como mexicanos como latino americanos como seres que viven en este mundo pero sobre todo la felicidad con la que pueden vivir nuestros hijos y nosotros mismos si nos decidimos a hacer un cambio.

Prologo

Al empezar a escribir unas líneas en contra de uno de los candidatos a la presidencia de mi país México surgió la necesidad de crear algo más grande, un libro, un libro en el cual se pudiera mostrar nuestra situación actual de mi país México y por que no nuestros hermanos latino americanos que vivimos en una situación parecida de corrupción y pobreza, por que nuestros gobiernos no han sido capaces de proteger al ciudadano si no al contrario nos han orillado a una situación critica de pobreza y decadencia y esto ha influido a que la gente emigre a otros países buscando una mejor vida, pero cuando llegamos a otro país no tenemos documentos legales, y aunque el salario es mejor nos enfrentamos a otras situaciones por la falta de documentos para trabajar legalmente y cada vez que hay elecciones en Estados Unidos de América los candidatos prometen a la comunidad una reforma migratoria y la gente nos ilusionamos, por que de esta manera solucionaríamos muchos problemas, pero siempre son solo promesas. Por ejemplo en mi país México siempre que llegaba un candidato nuevo teníamos la esperanza de que hubiera un cambio e inclusive cuando perdió el PRI todos festejamos por que gano Vicente Fox y lo único que tuvimos fue.

Chiquillos y Chiquillas
Me he comprado unas sabanas de dos mil dólares.

O cuando tomo protesta Felipe Calderón, entro por la puerta de atrás y era tanta su urgencia, que el mismo le quito a Fox el banderín y el solo se lo coloco.

¡Yo me pregunto en donde estamos pues! ¿Por que no podemos crecer como economía? Si en México lo tenemos todo petróleo, recursos naturales, costas, minerales tenemos mucho de donde agarrarnos para progresar, pero esto no esta sucediendo.

Yo creo que si este sistema no funciono, con todos los años que estuvo el PRI, ni con los dos sexenios que estuvo el PAN, yo creo que lo debemos de cambiar y buscar un nuevo sistema y así poder decidir cual es el rumbo que queremos que tome nuestro país, han pasado muchísimas cosa y ojala que se pudieran comprobar, para hacer justicia, lo que si no podemos permitir es que las cosas sigan igual debe de haber un cambio, debe de haber un cambio pero inteligente.

Los latinos en USA

Somos gente trabajadora que vino de otros países a buscar una mejor vida por que lamentablemente en nuestros países existe muchísima pobreza, muchísima corrupción y en algunas partes tenemos también violencia, nosotros venimos solo a trabajar, para poder mandar dinero a nuestras familias que se quedaron en algún pequeño pueblo o en alguna gran ciudad de nuestros hermosos países, llámese México, Guatemala, el Salvador o Honduras cualquier país de nuestro querido continente Americano. Pero ahí algo que no esta funcionando como debería de ser, ¿Pero en si quien tiene la culpa de esto?, Vamos a analizarlo.

¿A un país y a todos los demás les conviene la inmigración?

¿Quien realmente se beneficia de esto?

A los países de donde nosotros provenimos los vamos a poner en una casilla y una casilla grande donde están muchos de nuestros países de centro y sur América e inclusive México que se encuentra al norte de América

Casilla Uno: (México, Guatemala, El Salvador, Nicaragua, Ecuador, Honduras y más.)

En la casilla uno puedes escoger cualquiera de todos estos países y todos tienen el mismo estándar de vida pobreza, inmigración,

desempleo y violencia y algo más que yo observo en mi país
México la corrupción de los políticos y de muchos de los
policías por que lamentablemente los policías no reciben un
buen salario y muchas veces arriesgan sus vidas, imagínense si
ellos que reciben un poco más del salario mínimo se les hace
difícil sobrevivir, como se encuentra la mayoría de la gente con
el salario mínimo, apenas las alcanza para mal comer. Esta es
una de las consecuencias de la corrupción

Esta fue la casilla de los países numero uno, Pero hay algo que
revolotea en mi cabeza, ¿por que nuestro países se encuentran
en esta situación por tanto tiempo?

¿Quien tiene la culpa?

En México la culpa la tienen nuestros políticos que son corruptos
y malos funcionarios

Casilla dos:
(Estados Unidos de América)

Este país se encuentra situado entre las mejores potencias del
mundo donde también hay corrupción también tiene problemas
sociales, la mayoría de la droga producida en latino América es
consumida en Los Estados Unidos de América también tiene
una cantidad de pobres inmensa. Existe muchísima gente que
termina viviendo en las calles por culpa de la droga y el alcohol,
tiene al igual que nuestros países los mismos problemas.

Pero yo me pregunto donde esta el problema. ¿Por que nuestros
países no pueden mantener a nuestra gente con mejores salario?
¿Por que nuestra moneda se encuentra devaluada por años y años?
A consecuencia de esto existe mucha pobreza y a todo esto aunada
la corrupción y la violencia que se ha venido gestando, todo esto
a contribuido a que mucha gente ahora estemos en este país,
ganando un poco mas de lo que podríamos ganar en nuestros

países, llegamos a este país con diferentes edades en diferentes tiempos, trabajamos, estudiamos nos acostumbramos a esta tierra, la hacemos nuestro hogar, pero en realidad siempre estamos colgando de un hilo por que no tenemos documentos para poder comprar una casa, y tenemos años de vivir aquí, yo creo que los gobiernos deberían de buscar alternativas de crear empleos para la gente de cada país y así se evitaría la inmigración.

Pido con todo el respeto que se nos legalice
Que se nos den documentos para poder integrarnos plenamente
A la sociedad estadounidense.

Los Estudiantes en México, The Dreamers in USA, Y Los Estudiantes en Latino América

A muchos jóvenes sus padres se los trajeron cuando eran niños de tres o cuatro años, han asistido a la escuela son gente emprendedora que puede aportar muchísimo a este país gente muy inteligente de la cual el país se puede veneficiar, pero no ahí los tiene en espera, no los quieren legalizar y no pueden conseguir buenos trabajos tienen que conformarse con un trabajo de sueldo mínimo. ¡Si cualquier trabajo es digno! pero esta gente con un coeficiente intelectual alto podrían estar contrayendo tecnología de punta o podrían estar en laboratorios buscando nuevos medicamentos para curar enfermedades, pero no están desaprovechando a toda esta juventud, mientras otros países avanzan tecnológicamente Estados Unidos de América tiene a este sector de gente marginada, en estos momentos no podemos ver las consecuencias pero en un futuro no muy lejano las veremos y entonces vamos a estar en desventaja con otros países, y ahí es donde vamos a tener que pager un precio, por que esta generación de latinos se quedo segregada.

Como se llega a llega esta situación que un profesionista Mexicano o sur americano de cualquier país ya sea Honduras,

Guatemala, Perú o El Salvador pueda terminar muchas veces vendiendo tacos en una esquina por que no existe un lugar donde se pueda acomodar para trabajar en la profesión que estudio, y por eso muchas veces tenga que emigrar a otros países para conseguir un mejor salario y al final termina trabajando de limpieza o en un restaurante. ¿En donde abra un lugar para que esta juventud pueda aprovechar toda esa energía que tiene? y que debe de ser encausada a temprana edad, para que así pueda desarrollarse y puedan ser unos profesionales adultos cuando pasen los años, pero no esta pasando así, toda esta energía se esta perdiendo por que en México y latino América no existen fuentes de empleo y tienen a la sociedad pobre por muchos tiempo, ¿Y cuando se vislumbra un cambio en nuestros países? Aquí en Estados unidos tienen a nuestros jóvenes esperando por una reforma migratoria

Pido al gobierno de Estados Unido de América
Que apruebe una reforma migratoria para todos estos jóvenes.

Pido al gobierno de México
Que busque alternativas para poder tener mejores empleos y que solucionen el problema de la violencia.

Las marchas en USA

Me recuerdo el día que comenzó la primera marcha yo estaba trabajando para una señora latina que esta muy bien económicamente, recuerdo que le estábamos reparando unos apartamentos que ella tiene, abecés ella se ponía a platicar con migo y en una de esas platicas ablamos sobre los las marchas y ella me dijo que no estaba de acuerdo en que la comunidad hiciera esas protesta, recuerdo que yo le dije que era una forma de hacernos ver y pedir una reforma migratoria al congreso de los Estados Unidos de Norte América, y ella me comento. Pues para mi esa no es la forma, la forma de hacernos ver, es que cada persona se ponga a trabajar y así poder demostrar que somos un beneficio para el país. A ella le gustaba ponerse a platicar con migo por que ella sabia que yo avía asistido a la iglesia por mucho tiempo y sabia todo lo que yo avía colaborado, y ella ama a su iglesia y por eso me tenia consideración y respeto, faltaba un día para la marcha y yo por supuesto que tenia que asistir. Entonces pensaba hablarle y decirle que tenia que ir a la marcha aunque ese día no me lo pagara, yo esperaba que no se molestara, pero resulta que ese mismo día avía un retiro de un grupo católico al cual ella apoyaba mucho, y se acerco y me dijo, mi niño tengo un boleto para ti, para el congreso que va haber mañana en el centro de convenciones, quieres asistir, y yo le dije que si, y ella me dijo que no me preocupara que me iba a pager el día, y yo le di las gracias y entonces al otro día tempranito me fui a agarrar los folletos de el retiro y me fije de que color estaban vestidos los sacerdotes por que yo sabia que me iba a preguntar. Y después camine al lugar donde se iba realizar la marcha Para pedir al congreso una reforma migratoria y al llegar a ese lugar me quede con la boca abierta de ver tanta gente reunida, era impresionante ver tanta gente llenando todos las calles de el centro de Los Ángeles, éramos alrededor de un millón de personas y yo podría decir que hasta mas, estas marchas fueron el esfuerzo de mucha gente de trabajo por la comunidad y gracias a todos ellos se logro que los ojos del mundo voltearan a ver a los Estados Unidos de Norte América.

Congreso de los Estados Unidos de Norte América les pedimos una reforma migratoria para todas las personas que viven sin documentos en este país. Somos personas de América, África, Asia, Europa e Oceanía.

Un día salí de mi pueblo

Un domingo sentado en la pileta de cemento del árbol que estaba afuera de la casa donde vivía un día con un cielo azul, azul, hermoso, no viento, no calor, un momento simplemente perfecto. Pensando, pensando, en esa idea que cuando amaneció se metió en mi cabeza, mi corazón se aceleraba me daba miedo, pero yo savia que lo que yo quería no se encontraba en mi pueblo. Tenia que dejar mi pueblo al que quería tanto, y eso me dolía, y entonces rápidamente hice una llamada, mientras mi papa me decía. Vengase a desayunar. Yo le dije que si con la cabeza.

Hermana: Bueno.
Tonatiuh: Hermana soy yo.
Hermana: Hola como estas todo bien.
Tonatiuh: Si solo quería decirte (silencio).
Hermana: Que pasa estas ahí necesitas algo.
Tonatiuh: si la verdad es que me quería ir con tigo

Mi hermana me había insistido muchas veces que me viniera y yo siempre le avía dicho que no, pero en esta ocasión era yo el que lo estaba pidiendo, y ella me pregunto que cuando me quería venir y yo le dije que en esta semana, entonces ella me dijo, que me iba a enviar dinero inmediatamente, y yo le comente a mi papa y el me dijo que esta bien, se quedo callado por un momento y después me dijo, pórtese bien y no se meta en problemas, mijo.

Me quedaban tres días en mi pueblo en mi pequeña ciudad, camine por mis lugares favoritos Visite algunos familiares, fui a mi iglesia con mis amigos a la reunión de los martes por la tarde, observe a todos mis amigos en la ultima reunión de mi grupo juvenil me invadió la nostalgia, y les di un abrazo al igual que todo el tiempo y algunos de ellos percibieron mi sentimiento y me decían. ¿que pasa te ciento medio raro? y yo les decía, no, no pasa nada yo creo que me quiere pegar la gripa esa era mi excusa compartí con ellos tantas vivencias retiros salidas al campo de paseo salidas de misioneros en semana santa a los poblados mas pequeños, donde durábamos dos semanas, nosotros les dábamos instrucción religiosa por dos semanas, eso nos gustaba muchísimo poder servir a la gente de los pueblos que vivían cerca de nuestra ciudad ellos nos atendían de lo mejor nos trataban como familia, cada día comíamos en una casa diferente y es que eran tremendos banquetes los que nos servían que nos sentíamos cerca del cielo y después cada noche a dormir todos en una casa para despertar con la aurora y ese fresquito característico del campo que nos pegaba en nuestros huesos mientras cargábamos a la virgen caminando por las calles rezando nuestro rosario. Esas son memorias que se quedaron arraigadas, dentro de mi ser y a todos mis amigos los llevo en un rinconcito muy especial, en un lugarcito de mi corazón, cuando salí de mi pueblo no quise despedirme de ellos por que se me iba a hacer muy difícil, ahora creo que no estuvo bien creo que fui un cobarde.

Recuerdo que todo el camino venia llorando pensando en todo lo que avía dejado atrás, en ese momento se me desgarraba el corazón por que estaba dejando mi pueblo y yo savia que iba a tardar mucho tiempo en regresar iba directo a una ciudad donde sin documentos no iba a poder salir de el país y eso me dolía, llegue a una ciudad extraña donde no conocía a casi nadie y los primeros días fue una tortura, me enferme de los nervios de me dormían las manos y sentía también un hormigueo en mis brazos y en mi cuello, entre en una depresión terrible y decidí no contarles a mis hermanas para no preocuparlas, la única cosa que les pedía es que me llevaran a una iglesia que estuviera cerca y mi hermana trabajaba hasta tarde y cuando llegaba se ponía a cocinar y ya no le quedaba tiempo para nada, algo que me ayudo fue que comencé a trabajar como a los diez días de haber llegado eso me ayudo muchísimo a lidiar con mi depresión.

La gente buena en Estados Unidos de América

Al poco tiempo de haber llegado y después de estar esperando por casi tres semanas para que mi hermana me llevara a la iglesia un día le pregunte que mas o menos por donde quedaba la iglesia mas cercana y con esa información al día siguiente un sábado por la mañana me decidí salir a buscar la iglesia caminando y preguntando di con la iglesia de Blessed Sacrament, El santísimo sacramento y ahí me dijeron que los viernes a las siete de la noche se reunía un grupo de jóvenes y recuerdo que el domingo asistí a la misa que se celebraba a las nueve de la mañana y espere toda la semana con desesperación para asistir a la reunión del grupo de jóvenes y el día que llegue me encontré con gente maravillosa que me ayudo a salir adelante y a lidiar con mi depresión y así fue como comenzó mi acoplamiento a la ciudad de los Ángeles ahí conocí al padre Anastasio Rivera el cual era el párroco de la iglesia, Y un día llega el padre tacho y me dice alacrán nececito que me ayudes con algo, en tres semanas vamos a iniciar una misa piloto a las siete de la noche, la vamos a tener por cuatro domingos y si la gente responde la vamos a dejar permanentemente, y le dije, y yo como le puedo ayudar, y el me dijo, ¡ah pues yo quiero que tu toques la guitarra y cantes en la misa, y el problema no era cantar y tocar la guitarra, el problema era que la misa iba a ser en ingles y en español y yo le dije que podía cantar en español pero en ingles no, y el me dijo, mi alacrancito tienes tres semanas

para prepararte y traducir los cantos que tu ya te sabes, y para
que se te haga mas fácil pues busca en el grupo de jóvenes o en la
gente que viene a la iglesia alguien que te ayude a cantar, y yo le
dije esta bien que iba a conseguir a gente que me ayudara, y así
paso una y dos semanas y yo no conseguía a nadie y le comente
al padre que nadie me avía querido ayudar y el me dijo pues
ni modo alacrán te va tocar cantar solo y así llego el día de la
misa y como dijo el padre me toco cantar solo, y así termino la
primera misa bilingüe, cuando termino la misa di el anuncio y
pedí si alguna persona estaba interesada en integrarse al coro de
jóvenes, y en eso se me acerca una muchachita delgadita bonita
y me dice que ella le gustaría participar en el coro, su nombre
Carmelita Chávez y yo le dije que estaba bien que nos podíamos
ver a las seis de la tarde el viernes, una hora antes de la reunión
del grupo de jóvenes y así también ella conocería la reunión
de los jóvenes, y ella me dijo que estaba bien y recuerdo que
ese día le empecé a cantar un canto a Carmelita para que se lo
aprendiera, y ella después me comento que estaba nerviosa de
cantar, pero al oírla cantar supe que ella iba a ser una muy buena
integrante del coro, y no me equivoque Carmelita fue la mejor
integrante que tubo el coro con una vos hermosa y adquirió una
experiencia a través de los años que estuvimos en el coro que
ella se daba cuenta de cualquier desafinación por mas pequeña
que fuera, desafinaciones que muchas veces ni yo me daba
cuenta ella podía decir inmediatamente cuando una voz o una
cuerda de la guitarra estaban desafinadas y así recuerdo que en
la segunda misa ya éramos siete integrantes del coro entre ellos
Rosario Ramírez, con mucha experiencia en cantos, Y llego una
integrante con una vos privilegiada de soprano Mari Santos Que
me sorprendía de lo hermoso que cantaba y ya para el tercera
misa teníamos la colaboración de Arturo y Mari Álvarez con un
carácter fuerte pero con toda la experiencia del mundo y ellos
fueron los que nos dieron la idea para el nombre del coro, El
Coro Éxodo. Que llego a ser el mejor coro de la iglesia Blessed
Sacrament gracias la ayuda de Mari y Arturo Álvarez, y fue el
coro mas querido por el padre Tacho el cual nos dio un apoyo

grandísimo y al cual le agradecemos todos muchísimo y aparte la relación que nosotros tenemos como amigos a trascendido el tiempo, por que aunque ya no estamos en el coro nos seguimos viendo y cada ves con mas cariño, respeto y admiración.

Después del coro me dedique un tiempo a la actuación en donde conocí a muchísima gente con un talento grandísimo para hacer teatro, gente que se dedicaba ha hacer teatro cultural educativo el cual es el teatro que yo siempre avía querido hacer y participe por algunos años en el grupo de teatro Tatalejos dirigido por Mario Zapien y ahí fue donde conocí a Grace una norteamericana con un gran corazón. Y este grupo tenia un talento extra ordinario que me dejaba con la boca abierta con los trabajos que realizaba, ahí también conocí a Yessenia Caro una ecuatoriana luchadora que cuando ella toma una decisión de realizar una obra de teatro o cuando decidió sacar in titulo en arte relacionado con el teatro me toco a mí ver la dedicación y el empeño que ella ponía para lograrlo también conocía a una gran amiga Juana Delgado con un talento natural nato. Otra integrante del grupo, mi amiga Liliana Carrasco buenísima para actuar y algo que aprendí de ella es a decir las cosas de frente, todo este grupo de gente que conocí en el teatro presentaba en ese tiempo trabajos teatrales buenísimos, espectáculo de primera calidad que podían presentarse en cualquiera de los teatros del mundo o dignos de una actuación para una película que fácilmente podía ganar cualquier concurso como Cannes, a través del teatro conocí a Cristina Herrera que me adopto como su hijo Cristina es un ser que tiene una alma libre hermosa que a través de sus muchísimas platicas que hemos tenido me ha ensenado muchísimo. Gracias Cristi por ser mi madre adoptiva.

No pude ir a enterrar a mi padre

Después de vivir por muchos años en los Ángeles y acostumbrarte a esta nueva ciudad, el tiempo se encarga de decirte que estamos de paso por este mundo, un día recibimos una llamada, nos estábamos enterando de que mi papá tenia cáncer y que ya avían pasado casi dos años desde que los médicos le avían dado el diagnostico, y el no avía querido decirnos nada, hasta que su cuerpo lo empezó a resentir y se le empezó a notar la enfermedad entonces fue cuando nos hablaron y nos dijeron. Y decidimos traerlo para hacer la lucha de curarlo aquí en Estados Unidos. Llego y nos dolió tanto verlo, por que el cáncer ya avía echo estragos en su cuerpo, inmediatamente lo llevamos a que le hicieran estudios y los doctores nos dijeron que el cáncer estaba muy avanzado, pero que iban a hacer la lucha por ayudarlo con las quimioterapias, y también a los pocos días alguien nos comento que conocía a una doctora naturista que era muy buena y que podía curar cualquier enfermedad, y lo llevamos y ella nos dijo que lo aviamos llevado ya muy tarde pero que nos dejaba en nosotros la decisión de que ella le diera medicamentos, e inmediatamente nosotros le dijimos que si que queríamos hacer la lucha, y ella lo empezó a tratar con sus productos y también nos sugirió que mi papá siguiera tomando las quimioterapias, dijo que los medicamentos que ella le iba a dar no interferían con la medicina homeopática y recuerdo que ella le dio un germen de trigo buenísimo, que le empezó a dar fortaleza a su cuerpo, y pudimos ver como mi papá comenzaba a ganar peso y eso nos dio mucho gusto, pero un día de repente se le baja la presión y en lo que mi hermana lo llevaba al hospital perdió mucha fuerza de la que ya avía ganado y su cuerpo no resistió y mi padre murió, y de ahí comienza otro situación para mis hermanos y para mi, teníamos que trasladar el cuerpo a México, y con poco dinero en la bolsa no sabíamos como lo íbamos a enviar, mi padre un músico con un talento lírico extraordinario, que en la pequeña ciudad donde vivíamos muchísima gente lo quería y lo admiraba ahora se encontraba tan lejos de nuestra querida tierra, pero en cuanto la familia y los amigos se enterado de que mi papá avía muerto comenzaron a mandar dinero y así fue como conseguimos el dinero para enviarlo, el dolor de haber perdido una ves mas a un ser querido no se puede explicar, cuando tenia doce años murió mi mamá y eso fue para mi el mayor dolor que avía experimentado y ahora mi padre que me dolía muchísimo, pero algo que me desgarraba el corazón era el sufrimiento de mis hermanas que era algo que no lo podía soportar, me dolía tanto, sentía tanta impotencia de no poderlas ayudar con el dolor que sentían, que se quebraba mi corazón una y otra vez, cada ves que ellas perdían el control, por el sentimiento de ver a nuestro padre muerto, eso me dolía, pero alguien tenia que controlarse un poco y tenia que ser yo, muchas gracias a toda la gente que estuvo ahí con nosotros, por ayudarnos con toda esta situación. Después mi padre fue enviado a México y yo como no tenia documentos no pude salir a darle santa sepultura y eso me dolió, nada mas me platicaron que lo recibió muchísima gente y que le tocaron con banda, yo hubiera querido estar ahí, pero no pude salir y siempre me e preguntado, cuanta gente se queda sin poder volver a sus seres queridos, por que se encuentran tan lejos y muchas veces se tienen que quedar a trabajar, para mandar dinero para curar a su familia y muchas veces el destino los alcanza, y nunca mas los vuelven a ver.

El fraude de las elecciones en México

Terminaron las elecciones el primero de julio del 2012 y todo se vislumbro como un fraude total corrupción por todo el país compras de votos, compra de casillas electorales, ofreciendo dinero para que el candidato en cuestión ganara, se aprovecharon de la necesidad del pueblo para ofrecerles dinero.

Que es lo que nos espera como mexicanos con este presidente si el no tiene la capacidad de manejar un país, quien estará de tras de todo esto, que frustración, que el partido que paso tanto tiempo en el poder regrese y de la mano de una persona Ignorante y con una primera dama que no tiene ni una pizca de conciencia y que desconoce totalmente la palabra política, solo de pensar da miedo, por que pueden llevar al país a una crisis económica peor de la que tenemos en estos momento.

Cuanto tiempo tiene que pasar para que la mayoría de la población en México no demos cuenta de que ellos son los culpables de que por tanto tiempo el país se encuentre con tanta violencia y pobreza extrema. Tiene que haber un cambio. por que éste sistema que tenemos los mexicanos no a funcionado, no a funcionado con ninguno de los presidentes que han pasado ni creo que valla a funcionar con los presidentes que ellos sigan imponiendo, tenemos que tumbar este sistema, tenemos que buscar la manera de que desaparezcan todos estos partido viejos como son el PRI el PAN y el PRD, que entre ellos se han venido pasando los cargos políticos y no se ve un progreso en el país yo como mexicano exhorto a la población de que busquemos la manera de cómo democráticamente podemos disolver los partidos existente y entre todos los mexicanos buscar un nuevo sistema para nuestro país tiene que existir un camino para que pacíficamente podamos desaparecer a esos partidos y que esos políticos corruptos no vuelvan a obtener ningún puesto político, se la pasan peleando por el poder y no solucionan los problemas del pueblo.

Como dice el dicho: No hay más malos que buenos, lo que pasa es que los malos hacen mas ruido que los buenos. Se les ha acabado su tiempo vamos a empujar y a educar a nuestra gente para que no vuelva a pasar no mas compra de votos, no mas manipulación, no mas ignorancia, no mas pobreza, no mas salarios bajos, no mas violencia, no mas corrupción y por su puesto no mas manipulación de los medios de comunicación no se los vamos a permitir nunca mas.

Mi gente de México abramos los ojos y démonos cuenta de que ellos pueden comprar nuestros votos y darnos dinero, y que esto nos puede alcanzar para una semana o dos pero yo les propongo que de manera pacifica y con todas las pruebas que existen de corrupción, que formemos un nuevo sistema por que ellos pueden pagar para ganar por que va ha ser mas lo que se van a robar y el dinero que le pagaron a la gente lo van a multiplicar, pero los demás vamos a seguir con un país jodido y corrupto, y ellos son los que disfrutad de las riquezas de nuestro país no lo permitamos mi gente tenemos que cambiar a nuestro país, por que yo me pregunto ¿Quien tiene la culpa de todo esto?

La culpa la tienen nuestros gobernantes mexicanos. Ellos no se preocupan por crear trabajos, no se preocupan por que tengamos mejores salarios, para que esto con lleve a que tengamos una mejor calidad de vida, los políticos deben de ser los principales servidores del pueblo y deberían de estar capacitado para poder resolver problemas que dañan a nuestra comunidad.

Pero en realidad no es así nos hacen la vida mas difícil por que son mucha veces parte del crimen organizado, y utilizan el dinero que deberían de usar en programas para la comunidad, por que muchas veces solo van a sentarse a su oficina o en sus puestos del congreso y en realidad nunca ayudan con leyes que beneficien al pueblo, y cuando hay una ley que va a veneficiar al pueblo, si esta ley ésta propuesta por el partido contrario, no la apoyan la aplastan la desechan sin ninguna consideración sin importarles cuanta gente se va a dejar de veneficiar por esto y si les queda tiempo en su periodo de servicio hacen una propuesta igual con otro nombre y la lanzan al congreso y así este político se para el cuello de que tiene buenas ideas de ayuda a la comunidad y así lo puede poner en su hoja de vida y esto le sirve para poder aspirar a otro puesto político, pero esto pasa solo si le queda tiempo al funcionario si no con muchos mese de anticipación o con casi un año ya se esta preparando a cual puesto político va a saltar ya parecen Ranaperros saltan de un puesto político a otro y muerden un nuevo hueso.

Y yo me pregunto en donde estamos pues.

Ya no queremos más políticos Ranaperros

Esto no puede continuar así.

Si ellos quieren un puesto político de hoy en adelante se lo tienen que ganar y deben de mostrar que están capacitados por lo menos para ser honestos, y no robar, deben de estar capacitados para servir al país y cuando termine su periodo todos deberían de entregarle cuentas a la ciudadanía y el que no entregue buenas cuentas debe de ser tachado, debe de ser marcado para que nunca vuelva a ocupar un puesto político en ninguna parte del país.

Tenemos que parar todo esto no podemos permitir que nuestros estudiantes se queden estancados por que nuestros gobiernos no han sido capases de poder crear un futuro digno para su pueblo yo creo que en cada parte de nuestro país debe de haber grupos de observación que vigilen los movimientos de nuestros políticos y nosotros los ciudadanos debemos de protestar hasta acabar con la corrupción y los malos manejos de nuestro país. Oh entre todos debemos de buscar alternativas de cual debería de ser la mejor manera de salir adelante yo como mexicano protesto.

Protesto y pido que saquemos a los malos políticos de nuestra sociedad solo así vamos a poder tener un mejor futuro para nuestra juventud y nuestras generaciones que están por venir.

Yo soy 132. El Movimiento Que Empezó con los Jóvenes

Información real
No favoritismo en las redes sociales
Manejo de información de manera honesta
Un pueblo no manipulado
Gane quien gane vigilaremos a México
El Internet como herramienta de cambio social

El movimiento pretende tener una profundidad sin precedentes

El movimiento que merece mi admiración y me gustaría que siguiera adelante y que permitieran que nos integrarnos todos los mexicanos y así hacer una fuerza, una fuerza poderosa que haga temblar políticamente a cualquier candidato, y a si poder cambiar el sistema que no esta sirviendo para nada. mis jóvenes que iniciaron el movimiento esto son tiempos de cambio de alzar nuestras voces de señalar las malas administraciones y de no dejarnos amedrentar ni permitir que se nos trate de porros y acarreados y con mucho cuidado con pies de plomo vallamos poco a poco informando a nuestra gente para que no vuelva a ocurrir lo que paso con las elecciones, todo este cambio lo tenemos que lograr con paz y tranquilidad y no debemos de dejar que esta administración vaya a realizar arbitrariedades ni permitirles corrupción de ningún tipo.

No permitamos que esta corrupción que nos a seguido por tanto tiempo continué, no podemos permitir que nuestros jóvenes se gradúen de nuestras universidades y no puedan encontrar empleos dignos para desempeñar su profesión, vamos a exigir al gobierno que creen fuentes de empleo y que en México exista un lugar para que los estudiantes que tengan la capacidad de desarrollar tecnología puedan ahí trabajar, y así poder colaborar entre todos al crecimiento de nuestro país

Y algo que no vamos a tolerar, no queremos ninguna muerte mas de nuestros estudiantes por causa de una protesta o por reclamar sus derechos, así sea el mismo presidente lo vamos llevar a juicio político y que pague con cárcel, si se les ocurre hacer una tontería así.

La policía me quitó mi carro

Era una tarde que estaba en mi casa y ya casi obscurecía y yo tenia que salir por que me avía hablado la señora que me daba trabajo haciéndole mandados, ella era una estadounidense y que a veces no tenia tiempo de salir a comprar cosas para su casa y entonces me hablaba y me pagaba bien, y con las prisas por que ya se me había echo un poco tarde, salí y me subí a mi camioneta que tenia como seis meses que la avía comprado no me había costado tanto pero había salido muy buena, y en eso se me ocurre manejar por otras calles donde no había tanto trafico, y pase por una calle que tenia un Stop y yo no lo vi., y me lo pase, entonces adelante estaba escondida una patrulla que de inmediato me prendió la sirena y me dijo que me parara, me pare y me quede en la camioneta puse las manos en el volante y me trate de calmar el policía se acerco a mi ventanilla y me pidió mi licencia de manejar y se la di y le di el registro de la camioneta y la seguraza que estaba vigente, yo no tenia documentos para sacar mi licencia en California pero como viví unos meses en Pórtland Oregon, ahí me habían dado una licencia con mi matricula consular, y yo pensé que eso me ayudaría pero no, el policía estadounidense me vino a decir que se tenia que llevar mi camioneta por que yo no tenia licencia de California y me dijo que me bajara y que me alejara de la camioneta por que la tenia que revisar y en eso se acerco otro policía era un latino y me comenzó a hablar en español y me dijo que me retirara mas, y en eso me entra una llamada de la señora para la que trabajaba preguntándome que donde estaba y yo le dije que la policía se iba a llevar mi camioneta por que no tenia licencia de California y ella me dijo que les dijera que ella iba a ir a recogerla y ellos me dijeron que no por que la camioneta no estaba a su nombre y se lo dije a ella y luego ella me pidió hablar con ellos pero ellos se negaron, y pues yo colgué y le dije que en un momento le hablaba, y en es momento comenzó una actuación que no fue digna de un Oscar por tan falsa que se vio, el policía latino iba y venia rápido de la patrulla tratando de infundirme miedo para que me pusiera nervioso y saliera corriendo tal vez, iba y venia con información que supuestamente sacaba de la computadora que tenían en la patrulla me pregunto, que si este era mi nombre, que si yo vivía en tal dirección y yo le contestaba que si y después de preguntarme varias cosas se quedaron los dos en la patrulla, y de repente dijeron los dos, esto es todo, el es, el es, ya no hay nada mas que ver, el es y como yo estaba lejos de la patrulla donde ellos me avían pedido que me quedara para darme espacio y que yo saliera corriendo pero no me quede ahí, me quede ahí por que yo no debía nada, tenia mi conciencia tranquila y esa mala actuación no me iba a asustar, después se acercaron ya mas tranquilos y me dijeron que se iban a llevar la camioneta, que si quería sacar algunas cosas lo podía hacer en ese momento por que la grúa venia en camino, y efectivamente a los dos minutos de habérmelo dicho la grúa ya estaba ahí acomodándose para remolcar mi camioneta y así se la llevaron y después yo le hable a la señora estadounidense y le dije que ya no iba ahí por que no tenia mi camioneta y ella me pidió que fuera que tomara un taxi y ella lo pagaba allá, cuando llegue me dio un abrazo y pago el taxi, me dio de cenar y me dio algo de dinero y su papa me regreso a mi apartamento.

La televisión en México
y en Latino América

El artista es aquel que esta comprometido con su tiempo
Y con su momento histórico

Se les puede llamar cantantes se les puede llamar actores pero artistas jamás, ellos son parte de un medio de comunicación que se encarga de vender productos y que este medio manipula la información a su beneficio o cuando es pagado por una campaña de un candidato como acaba de pasar con el PRI, estos medios nos han estado colocando baja calidad en sus programas y novelas, que esto colabora a que el pueblo se mantenga su mente distraída y ocupada con una baja calidad de novelas donde lo único que prevalece es la traición el odio la venganza, la poca dignidad y que carecen de poca o nada de educación, y de nada de valores morales, o los programas hablados o talk show donde la conductora muchas veces se convierte en una heroína con programas que tienen un 100 % de basura, han acostumbrado a la comunidad a este tipo de programas sin conciencia sin ningún tipo de moral y la gente sin darse cuenta se sumerge en esta clase de situaciones que por ende lo aplican a su vida diaria, y muchas veces sin darse cuenta, los medios de comunicación deben de poner programas educativos debe de haber un balance entre programas de diversión y programas educacionales.

Entrevistaron a Gabriela Spanic para una nueva novela que estaba realizando y le preguntaron que opinaba de el personaje y ella contesto que su personaje era una heroína una mujer como las que ven sus novelas luchadora que se defiende cuando lo tiene que hacer una mujer real.

O cuando entrevistaron a la pobre actriz de Laura Zapata después de que la secuestraron, dio una entrevista diciendo que no iba a volver a realizar papeles de villana para no dar un mal ejemplo a la comunidad, y al poco tiempo le volvieron a ofrecer lo que para los productores ella sabe hacer mejor papales de villana, y le apretó el hambre y acepto, esto es solo un pequeño caso en donde los actores tienen conciencia cuanto son tocados por el crimen organizado son sacudidos y entonces tienen conciencia por un tiempo pero en cuanto les aprieta el hambre aceptan cualquier papel y presumen que es un muy buen personaje y la realidad que el 90 % de los personajes de las novelas carecen de buena moral, y ni digamos los programas hablados o talk show que estos son lo mas denigrante que puede haber, donde la conductora muchas veces se convierte ante los ojos de la gente en una heroína y en realidad es una cacatúa que lo único que sabe hacer es escándalo, y si de verdad quisiera ayudar a la comunidad se integraría a programas de ayuda social pero no de esta forma. Nuestros niños pueden ver esos programas sin ningún problema por que por lo regular están en un horario en que los niños tiene acceso a la televisión, y las conductoras dicen, yo no puedo creer lo que estoy viendo el mundo se encuentra patas para arriba, y ella con todo su equipo y el canal son los encargados de organizar la dinámica de estos programas.

Cuidado padres de familia no permitan que la televisión llene los cerebros de sus hijos con esta baja calidad informativa, por que si ustedes no se dan cuenta horita en un futuro todo esto les va a afectar en sus vidas.

Cuidadito compañeros del gremio por que yo me pregunto hasta donde somos nosotros también participes de todos los problemas sociales que tenemos en estos momentos.

En la época de oro de nuestro cine mexicano existieron actores y actrices famosos que eran considerados iconos por su trabajo actoral y las actrices eran consideradas divas y muchas de ellas eran arrogantes bellas como mi querida Maria Félix, una mujer que yo admire se me hacia una de las mas hermosas y era una diva, y era muy querida y respetada por su publico, pero eran otros tiempos donde si no me equivoco eso las hacia grandes y la gente las consideraba divas, y ahora las cantantes y las actrices ellas solas se incrustan el nombre de diva, para darse fama, y son de lo mas vulgar que hay en el mundo sin ningún tipo de moral ni educación y han acostumbrado a la comunidad a este tipo de juego vulgar por que muchas veces carecen de talento y es lo único que tienen para poder sobresalir

Abramos los ojos mis queridos tele espectadores y seleccionemos programas que nos beneficien y por que no programas que nos diviertan sana mente, y no permitamos que esta suciedad entre en las mentecitas de nuestros niños y después les sirva como un ejemplo de vida y esto nos acarree problemas en nuestras comunidades observen por favor y así, solo así vamos a poder tener un mejor país y una mejor sociedad. ¿cual es la solución?

La solución es esta quitar a nuestros niños de la televisión e involucrarlos en programas de arte y cultura en programas de manualidades donde exploten su capacidad o involucrarlos en programas deportivos. Que no sea la excusa el tiempo y el trabajo, tenemos que buscar la manera por que si horita no les dedicas tiempo después ellos te lo van a quitar cuando estén metidos en problemas, o tengamos que ir a la cárcel a solucionar un situación.

Y la conciencia que no existe en la mayoría de nuestros medios de comunicación por que lo único que les interesa es tener audiencia.

Para así poder tener patrocinadores y poder cobrar sus buenos sueldos, no les demos dinero con nuestro tiempo a estas televisoras por que cada ves que nosotros nos sentamos a ver uno de estos programas ellos tienen mas audiencia y así aseguran sus sueldos, y poco les importa la moral y los buenos principios.

Literalmente Chinches
en los Ángeles

Por un tiempo estuve viviendo en mi taller de tapicería y así me ahorraba en la renta de un apartamento, pero empecé a tener cada ves mas trabajo y decidí agarrar un apartamento y compartirlo con unos amigos y me encargue yo de firmar el contrato por un año y desde el primer día que llegamos yo le comente al manager que el apartamento tenia cucarachas y el me dijo que no me preocupara que iba a fumigar y que el se iba a encargar de que no tuviéramos ese problema y la verdad no me quede muy contento, porque a partir de que pasaron los días las cucarachas se veían mas por todo el apartamento y otro problema que comenzó como alas dos semanas de que empezamos a vivir ahí. Estando dormido empecé a sentir comezón por todo el cuerpo y eso me despertaba y era que el apartamento tenia chinches también y ese fue un problema mas grande aun por que no podíamos descansar bien yo por mi cuenta me encargue de ponerles veneno cada semana y así fue como pensé que se avían muerto las chinches pero después de un tiempo regresaron, la primera ves yo ya avía tirado algunas sillas y unos muebles que se me avían infestado de chinches pero cuando regresaron las chinches mis nuevos muebles se volvieron a llenar y para esto ya teníamos una nueva manager y esta persona era una mujer que tiene una actitud muy mala y déspota y que siempre mantenía sucios los apartamentos y yo le comente que en mi apartamento avía chinches y cucarachas y le dije que yo ya avía comprado veneno y que lo iba a volver a echar y si no se morían le iba a decir para que ella fumigara y ella me dijo que si, que le avisara para ella poner la fecha para fumigar y fumigue y otra vez se fueron nada mas por un tiempo y le entregue una solicitud a la manager para que fumigara para las cucarachas y las chinches y ella si lo hizo, pero con el veneno que ella echo las chinches no se murieron yo revise los colchones esa misma noche y todavía tenían y por supuesto esa noche tampoco me dejaron dormir bien y también en la mañana de otro día andaba caminando una por el baño y hasta le tome video a los colchones y a la del baño, yo no se de donde se vienen, cuando la nueva manager llego yo le comente que me quería ir por que no estaba a gusto por las chinches y cucarachas pero ella me dijo que si yo me iba tenia que pagarle todo el contrato y me dijo que si no se lo pagaba completo me iba a llevar a corte. Ella fumigo el día dos y yo le tenia que pagar la renta el día tres, pero al ver que el veneno que ella echo no mato ni chinches, ni cucarachas decidí no pagar le la renta y le mande una carta diciéndole que no se la iba a pagar por que todos mis muebles tenían chinches y cucarachas y así no podía llevármelos a otro apartamento y que iba utilizar ese dinero para comprar muebles, un día también se me metió una cucaracha chiquita a mi oído en la noche cuando estaba dormido y me desperté asustado y preocupado y lo primero que se me ocurrió fue echarme agua tibia para haber si se moría, pero al sentir que se seguía moviendo me puse agua con alcohol y así dejo de moverse y esto también se lo dije a la manager y ella nada mas se quedo callada. Me acaba de mandar una carta donde me dice que si no le pago la renta me va llevar a corte, y pues yo no se la voy a pagar, y que el juez decida, yo le voy a exponer todos mis puntos y ojala y todo esto me ayude, no se cuando va a ser lo de la corte y si les vaya a poder contar en el libro, por que este libro ya lo voy a mandar a publicar pero si no alcanzo a contarles aquí lo puedo poner en you tobe y ahí lo pueden ver en mi canal.

Tonatiuh Flores en youtube

¿Que hacen nuestros políticos latinos por nuestra comunidad en Estados Unidos?

Hacen esto.

Nada.

Los Narcotraficantes en México y Latino América

¿Por que en nuestros países tenemos tantas muertes a causa de los narcotraficantes?

Para poder entender esto un poco nos vamos a remontar a los tiempos de Al Capone un contrabandista de los años veinte, un contrabandista de licor, si le preguntas a alguien que no conoce la historia de este personaje, una de las primeras preguntas que te hace es por que Al Capone era contrabandista de licor, el los años 1920 en Estados Unidos el era uno de los que se encargaba de la producción y distribución de alcohol fabricado clandestinamente durante la prohibición de la ley seca era considerada una droga como ahora la marihuana y este contrabando generaba mucho dinero, en mi opinión muy personal abecés lo prohibido se vuelve mas atractivo para nosotros los seres humanos. Y después de tanto tiempo el licor lo puedes encontrar en cualquier parte solo tienes que pagar por el, y el que lo vende paga tasas al gobierno por su venta.

Yo no quiero decir que esta sea la solución para la venta de drogas pero tenemos que buscar una solución entre todos para este gran problema y lo primero que yo propongo es: educar e informar a nuestra juventud a cerca de las drogas y crear un programa para ir enseñando a nuestros niños de cuales son las consecuencias que le sucede a su cuerpo y a su cerebro por consumir drogas la solución para este mal esta en nuestras casa. Si, en nuestros hogares en el día a día, tenemos que observar a nuestros hijos a nuestros jóvenes que es lo que están asiendo cuales son sus amistades, padre de familia involúcrate con tu hijo y dale información acerca de las drogas si tu no lo haces alguien mas lo hará.

Les voy a contar algo muy personal y que espero que sirva de ejemplo y pueda ayudar este testimonio.

A través de mi el tiempo que he vivido en los Ángeles he tenido muchos amigos y un tiempo tenia amigos que les gustaba las drogas la marihuana y la cocaína y nos juntábamos a tomar cerveza y a jugar cartas, a comer carne asada y ellos siempre llevaban droga y siempre me ofrecían y me insistían que si quería probar y un día después de tanta insistencia me cansaron y me hicieron enojar y les dije. Yo me puedo tomar una cerveza dos o tres las que yo quiera pero marihuana o cocaína no voy a hacer y si usted me siguen ofreciendo pues ya no voy a venir. Y ahí se acabo el problema por que ya no me volvieron a ofrecer y la fiesta siguió en paz y después yo entre al grupo de teatro y ya no tuve tiempo para poder asistir a las fiestas con mis amigos, y después de unos años que paso todo esto conocí a un amigo que le gustaban la marihuana y me acuerdo que yo le preguntaba que por que lo asía, y el me contestaba que por que se sentía bien que lo relajaba, y me acuerdo que yo le decía ha pues entonces yo nunca lo boy a hacer por que yo trato de estar todo el tiempo relajado y un día me entro la curiosidad de que por que tanta gente esta adicta a esta hierva y le dije que me diera a probar y el me dijo que no por que no quería que yo me hiciera adicto también, y recuerdo que yo le dije no, no me boy a hacer adicto yo tengo mucha fuerza de voluntad si me llegara a gustar yo tengo la capacidad y la fuerza para decidir no volverla a fumar, y el no quería pero después de tanta insistencia me dio y fume

marihuana por primera ves hace como dos años ya, y recuerdo
que le dije que me cuidara por si me pasaba algo y el me dijo
que si que no me preocupara, y mi amigo me pregunto que
como me sentía y recuerdo que yo me reí y le dije que la verdad
no sentía ningún cambio que me sentía igual, y el me pregunto
apoco no te relajo, y yo le dije no siento nada diferente solo me
dio un poco de sueño y le dije esto no es para mi, y me dijo alo
mejor por que es la primera ves, y yo le dije puede ser, y en otras
cuatro ocasiones me volvió ha dar y otra marihuana mas fuerte
y lo único que hizo es que me dio mas sueño y el mal sabor de
boca que me quedo, bien amargo y eso no me gusto y le dije a
mí amigo esto no es para mi, y el se puso contento y me dijo
que bueno que no te gusto.

Yo probé marihuana pero con algo bien claro en mi mente no iba
a permitir que se me hiciera una adicción, pero cada cuerpo es
diferente y a la larga el consumo de las drogas va deteriorando tu
cuerpo y tu mente y esto es algo que yo no me iba a permitir

Otra observación por que en Estados Unidos de América no Hay
tantas muertes violentas relacionadas con las drogas y por que en
nuestros países si, matan a gente inocente, se matan entre ellos por
las rutas de contrabando y con ellos están involucrados muchos
policías. Para este problema tenemos que buscar una solución y
yo honestamente creo que siempre va a haber consumidores de
drogas yo creo que esto nunca va a acabar pero como podemos
lidiar con esta situación como comunidad, debemos de encontrar
la solución y exigir al gobierno que la ponga en practica ya que
sus métodos no han funcionado.

Deberíamos de hacer un grupo conformado por representantes
de cada sector del país, no por estado, si no por sectores, y este
grupo, que no tenga nada que ver con los políticos si no que
este enfocado en solucionar los problemas sociales que afectan
a nuestro pueblo.

Y claro exigirle al gobierno que pague todo lo que se pueda gastar en estas reuniones y por supuesto que este programa sirva para buscar soluciones a nuestros problemas más urgentes que son los asesinatos por narcotráfico y por el crimen organizado.

Gente imprescindible ejemplo de vida

A través de la historia ha existido muchísima gente que ha pasado por la vida y han dejado un legado, dejaron su marca y al que recordamos muchísimo es a Jesús El Cristo vivo que estuvo en este mundo hace dos mil años y el vivió de acuerdo a las necesidades de su pueblo y observo todas las injusticias y decidió poner en acción sus ideas y pelear a su modo por la justicia y después lo crucificaron por revolucionario y por que atentaba contra los intereses de los políticos de ese tiempos de ahí nace nuestro cristianismo pero yo creo que antes y después de Jesús han existido gente con los mismos ideales y que muchos de ellos también lograron grandes cambios que le favoreció al pueblo, en nuestro tiempo podemos mencionar a una mujer integra entregada al servicio de los mas necesitados esa mujer fue Madre Teresa de Calcuta, que no mas al mencionar su nombre se me pone la piel chinita y me da paz y tranquilidad, por que es una mujer a la cual yo admiré muchísimo, podemos mencionar a otra gran mujer la Princesa Diana que era muy amiga de la madre Teresa, Diana vivió de acuerdo a su situación de vida, pero siempre poniendo un granito de ayuda donde ella podía. También recordemos a Cesar Chávez o a Martin Luther King Jr. que fueron dos férreos luchadores por los derechos humanos o nuestra querida Rosa Park, que se negó a darle el asiento a un anglosajón en Estados Unidos aunque sabia que la iban a encarcelar o tal vez juzgar por eso pero fue un echo que marco precedentes de cambio en Estados Unidos.

También tenemos a nuestros periodistas en muchas partes del mundo que por sacar la verdad a la luz publica son asesinados por el crimen organizado o por los políticos que sienten acorralados cuando nos enteramos de las cosas que hacen para quedarse con el dinero del pueblo. Mi respeto y Admiración por todos esos periodistas mexicanos que están comprometidos con la verdad y con la necesidad del pueblo.

Y los héroes que no podía olvidar son mis héroes de independencias como Miguel Hidalgo y Costilla o Doña Josefa Ortiz de Domínguez o Doroteo Arango nuestro Guadalupe Victoria o Benito Juárez y a todos nuestros héroes de independencia que fueron muchísimos, ellos lucharon para que tuviéramos un México libre una nación prospera para todos y no nada mas para unos cuantos y mucho menos lucharon para que tuviéramos de dirigentes a tantos políticos corruptos que cuado hacen campaña colocan a sus espaldas un cuadro de Francisco I Madero o de Benito Juárez.

Y la peor de todas utilizar a la Virgen de Guadalupe para lograr sus propósitos, de esto mejor ni opino.

Don Miguel Hidalgo y Costilla

Nació en Corralejos Guanajuato en 1753. También lo conocemos como el cura Hidalgo y es considerado por nosotros los mexicanos como el Padre de la Patria. Estudio en la ciudad de Valladolid que ahora tiene el nombre de Morelia en el colegio llamado San Nicolás Obispo, y después fue catedrático de esta institución

Lo ordenaron sacerdote en 1778 y ejerció su ministerio en diferentes partes y después fue nombrado Cura de Dolores Hidalgo sus idealismos liberales lo llevaron a unirse en Querétaro A los patriotas para organizar la Independencia de México, se había planeado iniciar la lucha en Octubre pero fueros descubiertos y varios de ellos fueron apresados, pero Dona Josefa Ortiz de Domínguez, la Corregidora alerto a al grupo, el cual se encontraba al mando de Hidalgo, Allende y Aldama.

Y así en la madrugada de aquel 16 de septiembre de 1810 el Cura Hidalgo hizo sonar las campanas de su iglesia de Dolores y así fue como el pueblo se levanto en armas, al comienzo tuvieron mucho éxito, marcharon de Dolores a Atotonilco donde Miguel Hidalgo tomo a la virgen como estandarte, después pasaron por San Miguel el Grande, Hoy Allende, siguieron pasando por mas lugares hasta llegar a Guanajuato, por donde pasaban se les unían mas combatientes, en Celaya se le dio a don Miguel El grado de Capitán General y a Allende el de Teniente General, mientras tanto en la ciudad de Guanajuato los españoles se refugiaban en la Alhóndiga de Granaditas y el 28 de septiembre después de un cruento enfrentamiento la Alhóndiga fue tomada y todos los ocupantes fueron asesinados.

Después de organizarse por varios días entraron a Valladolid sin resistencia y después marcharon con rumbo a la ciudad de México cerca de la capital derrotaron a un ejercito en el Monte de las Cruces y de ahí Allende e Hidalgo resolvieron esperar y retirarse, después en Aculco el General Félix Calleja derroto a los Insurgentes y así los lograron dispersar y por el rumbo de Guadalajara en puente Calderón obligaron a Hidalgo a retroceder hacia el norte y el 21 de Marzo de 1811 Hidalgo y Allende y otros mas fueron traicionados por Elizondo, les tendió una emboscada, y fueron apresados en el estado de Coahuila y después los llevaron a Chihuahua donde el 26 de Junio de 1811 fueron fusilados Allende, Jiménez, Aldama y Santa Maria y después el 30 de Julio también acecinaron a Don Miguel Hidalgo y Costilla.

Pero la lucha no termino con la muerte de Don Miguel Hidalgo que era lo que creían los gobernantes de ese tiempo, la lucha duro 10 años y termino con la entrada triunfal del ejercito trigarante en 1821 el 27 de Septiembre.

Los restos del Padre De La Patria los tenemos en la columna de la Independencia en la ciudad de México. SNTE. Chavitos-Biografías

Doña Josefa Ortiz de Domínguez

Es la mas conocida de las mujeres entregadas a la causa de la revolución y es conocida como La Corregidora nació en 1768 en Valladolid, hoy Morelia, quedo huérfana de muy pequeña y su hermana Maria Sotero Ortiz se encargo de cuidarla, estudio en el colegio de Las Vizcaínas hasta 1791 se caso con Miguel Domínguez en secreto en la ciudad de México en 1793 y el seria el futuro corregidor de Querétaro, como ella era la esposa del corregidor se enteraba de todo lo que pasaba en el gobierno y así les hacia llegar la información a quien estaban preparando la revolución en Querétaro, ella trato de convencer a su esposo de participar en la conspiración, poco después los conspiradores fueron descubiertos y Miguel Domínguez el Corregidor se vio obligado a comenzar el arresto de todos los involucrados,

El Corregidor obligo a Doña Josefa a mantenerse en su habitación, pero ella Logro comunicarse con Hidalgo, Allende y Aldama y gracias a ella la no fue detenida la revolución.

Despúes el capitán Arias denuncio a la Corregidora, y ella estaba embarazada y la mantuvieron en el convento de santa clara en donde estuvo prisionera y así la tuvieron recluida por mas de 3 años, después en 1817 fue indultada por el virrey de Apodaca, una vez consumada la independencia Iturbide le ofreció ser dama de honor de la emperatriz ella no acepto ni tampoco acepto ninguna remuneración por todos los valiosos servicios a la patria. Doña Josefa Ortiz de Domínguez falleció en 1829 en la ciudad de México y sus restos descansan en Querétaro

Benito Juárez

Nació el 21 de Marzo de 1806 Nació en una familia campesina indígena Zapoteca de escasos recursos a los 3 años quedo huérfano, cuando tenia trece años vivió con su hermana Josefa en la ciudad de Oaxaca donde estudio la secundaria y derecho.

En 1831 ocupo el cargo de regidor del ayuntamiento de Oaxaca en 1833 Diputado Local, después Diputado Federal y Gobernador del Estado en 1847 y en 1855 Ministro de Justicia e Instrucción Publica y después nuevamente Gobernador.

En 1857 participo en la promulgación de la Constitución, fue ministro de Gobernación y después Presidente de la Suprema Corte de Justicia y cuando renuncio el presidente Comonfort, el ocupo la presidencia de la Republica en 1858 y en 1861 fue nombrado presidente constitucional por el Congreso electo en 1867 y 1871 gobernó su país hasta su muerte

La Ley de Juárez
Como ministro de Justicia en Instrucción Publica durante el gobierno del presidente Juan Álvarez Benito Juárez expidió la ley sobre administración y justicia y Orgánica de los Tribunales de la Nación del Distrito y Territorios (Ley Juárez) la cual abolió las fuerzas, privilegios de los que gozaban el clero y los militares por encima del pueblo y declaro la igualdad de todos los ciudadanos ante la ley.

Las Leyes de Reforma 1859

Consistió principalmente en impedir que la iglesia participara en los asuntos propios del estado.

La intervención Francesa.

Al terminar la Guerra de Reforma con el triunfo de los Liberales sobre los conservadores el presidente Juárez regreso victorioso a la ciudad de México en enero de 1801 pero al año siguiente México sufre la invasión francesa que exigía el pago de deudas anteriores y por daños causados a propiedades francesas, con la flota francesa también vinieron flotas españolas e inglesas pero se retiraron debido a su confianza en que el gobierno de México le iba a pagar, el ejercito francés fue derrotado en puebla el 5 de mayo de 1862 sin embargo al año siguiente los franceses regresaron y ocuparon puebla y la ciudad de México y se nombro a Maximiliano de Hamburgo y a Carlota Amalia como Emperadores de México.

Benito Juárez avía abandonado la capital y se avía instalado en San Luís Potosí y después en Ciudad Paso del Norte, hoy Ciudad Juárez Chihuahua donde instalo su gobierno y combatió a los invasores

La guerra duro hasta 1867el año en el que el emperador francés Napoleón lll presionado por el gobierno de Estados Unidos retiro su ejercito. Maximiliano fue derrotado por Mariano Escobedo, Porfirio Días y Ramo Corona vencieron a Maximiliano y fue fusilado en Junio de 1867.

El Presidente Juárez hizo su regreso triunfal a la ciudad de México el 15 de Julio de 1867 y al siguiente año se reeligió y en 1871 se reeligió por ultima vez, su estado de salud era delicado y Porfirio Días se levanto contra el y Porfirio fue derrotado. Benito Juárez falleció el 18 de Julio de 1872. Sebastián Lerdo de Tejada Presidente de le Suprema Corte de Justicia lo sucedió.

Benemérito de las Ameritas
En el año 1867 en su Manifiesto ala Nación, Juárez expreso su sentir por la victoria y su frase mas famosa fue y es entre los individuos como entre las naciones el respeto al derecho ajeno es la paz.

Martin Luther King Jr.

Fué Pastor Baptista, Estadounidense, defensor de los derechos humanos, estudió teología en la universidad de Boston, desde joven tomo conciencia de la situación de la segregación social y racial que vivía la comunidad Afro americana en su país en especial en los estados del sur. En 1954 fue pastor de Montgomery en Alabama y pronto dio muestras de su carisma y de su firme decisión de luchar por la defensa de los derechos civiles con métodos pacíficos inspirada en la figura de Mahatma Gandhi y en la teoría de la desobediencia civil de Henry David Thoreau. Al poco tiempo de llegar a Montgomery organizo y dirigió un masivo boicot de casi un año contra la segregación de los autobuses municipales.

La fama de Martin Luther King se extendió rápidamente por todo el país y enseguida asumió la dirección del movimiento pacifista estadounidense. En 1960 aprovecho una sentada espontánea de estudiantes negros en Birmingham, Alabama para iniciar una campaña de de alcance nacional en esta ocasión Martin Luther King Jr fue encarcelado y posteriormente liberado por intercesión de un candidato a la presidencia de Estados Unidos. John Fitgerald Kennedy, King logro para los Afro amcricanos la igualdad de acceso a las bibliotecas y los estacionamientos.

En el verano de 1963 su lucha alcanza uno de los momentos culmines cuando organizo una gigantesca marcha sobre Wachinton en la que participaron unas doscientas cincuenta mil personas en el cual pronuncio uno de sus mas bellos discursos por la paz y la igualdad entre los seres humanos, El y otros representantes de organizaciones antirracistas fuero recibidos por el presidente Kennedy quien se comprometió a vigilar su política contra la segregación en las escuelas y en la cuestión de desempleo que afectaba de modo especial a la comunidad Afro americana, pero solo ahí quedaron las buenas intenciones del presidente por que meses mas tarde moriría acecinado. Ni el vigor ético del mensaje de King premio Novel de la Paz en 1964, ni esto parecía suficiente para detener el avance de los grupos nacionalistas de color contrario, y por otra parte los grupos de los Panteras Negras y Musulmanes Negros ponían en peligro el núcleo del mensaje de King el pacifismo.

En marzo de 1965 encabezo una manifestación de miles de defensores de los derechos civiles que recorrieron casi un centenar de kilómetros, la lucha de Martin Luther King tubo un final trágico el 4 de abril de 1968 fue acecinado en Memphis por James Earl Ray, mientras se celebraban los funerales en la iglesia de Edenhaeser de Atlanta una ola de violencia se extendió por todo el país. Ray detenido por la policía se reconoció culpable, pero un año mas tarde se retracto de su declaración y con el apoyo de la familia King pidió la reapertura del caso y la vista de un nuevo juicio

Rosa Parks

Rosa Parks es considerada la Madre de lo "Modern – Day Civil Rights Movement" Ella fue una mujer Afro americana nacida en Tuskeyee, Alabama, en 1913 ella es conocida por su oposición a la segregación racial en los autobuses públicos en Montgomery, Alabama,

Rosa se negó a dar su asiento a un blanco y fue detenida la acusaron y condenaron por desobediencia civil.

Ella paso la mayor parte de su vida luchando por la eliminación de la segregación, los derechos del voto y participo activamente en el movimiento de derechos civiles en Estados Unidos. Rosa tenia un don para hacer esto de manera efectiva pero en silencio y la conocían por decir "Hacer lo Correcto"

En el 2004 se le diagnostico demencia progresiva y murió el año siguiente el 24 de octubre del 2005. Tres días después de su muerte en Detroit se reservaron los asientos delanteros con cintas en su honor y se mantuvo así hasta que Rosa se poso en su lugar de descanso final.

El día de su entierro el presidente Gorgue W. Bush ordeno que todos las banderas de la capital de la nación y en todos los Estados Unidos, en las áreas publicas, tanto continental como extranjera se ice a media asta.

El Padre Alejandro Solalinde

En tan solo cuatro años el Padre Alejandro Solalinde se convirtió en una de las figuras más notables de la iglesia, por su defensa de los inmigrantes en su paso hacia los Estados Unidos y por su defensa de la comunidad entre autoridades y bandas criminales.

En una entrevista a la cadena Univicion, El Padre Solalinde menciono específicamente al ex Gobernador del estado de Oaxaca Ulises Ruiz como uno de los políticos que se incomodo por sus actividades de dar albergue a inmigrantes centroamericanos.

Asimismo, Alejandro Solalinde dijo que tubo platicas con personas de la secretaria de Gobernación (segob)"tuvimos una platica también con personas de Gobernación para ver la pertinencia de esto (el retiro), yo lo acepte, no soy necio, yo no quiero ser un mártir, yo fui el que puso el plazo el dos o tres de julio estoy de regreso al albergue si se mejoran las condiciones o no, eso es responsabilidad de ellos. Pero yo a la misión vuelvo y estoy pase lo que pase "y señalo que regresaría a la misión con mas fuerza. La Misión no se Bota, La Misión no se Abandona.

¿La inmigración un Problema social?

Lo único que pedimos es un lugar para trabajar. Existe muchísima gente en Estados Unidos en espera de una reforma migratoria muchas veces las familias son separadas y deportan a los padres y después los niños son adoptados por otra familia y esto no se me hace justo que separen a los niños de sus padres pedimos al congreso que ponga sus ojos en este problema social, no somos una carga para el país venimos a colaborar y a trabajar somos inmigrantes como la mayoría de este país solo queremos al igual que ustedes un lugar cómodo para vivir para que nuestros hijos crezcan y puedan asistir a la escuela con el cuidado de sus padres dénos por favor una reforma migratoria.

¿Que le vamos a heredar a nuestros niños?

Definitivamente un mundo mejor y eso solo puede ser en colaboración de todos y con un arduo trabajo en equipo y con mucha paciencia, el cambio viene eso es inevitable y se tienen que terminar la corrupción y los malos gobiernos tenemos que ayudar cada uno en nuestro hogar y hablar de lo que queremos que nuestro país sea y otra cosa tenemos que apoyar a nuestros maestro por que a través de ellos se va a dar un cambio tenemos que reforzar nuestras escuela y universidades por que a través de esto vamos lograr que nuestro país salga adelante, tenemos que tener lugares donde se empleen a los nuevos estudiantes y así se puedan crear nuevas invenciones y así México se va a beneficiar de ello y contamos con un país rico en minerales petróleo recursos naturales y los mexicanos tenemos la capacidad de crear para exportar nuevos productos al mundo entero.

Tenemos un país rico no dejemos que unos cuantos tomen ventaja de esto

Tenemos la capacidad de estar en las primeras potencias económicas del mundo pero nuestro sistema no lo ha permitido

Podemos tener un país con mejores sueldos para cada trabajador todo esto se va a lograr con un proceso que debe comenzar inmediatamente

Mi México el cambio que todos queremos no es imposible solo tenemos que unirnos y trabajar por el

www.ingramcontent.com/pod-product-compliance
Lightning Source LLC
Chambersburg PA
CBHW021253280526
45784CB00005B/2362